Concours ouvert devant la Faculté de Paris.

COMPOSITIONS

DE

M. Anselme BATBIE,

Docteur en Droit,
ancien Auditeur au Conseil d'État.

COMPOSITION

DE

DROIT ROMAIN.

Quæritur quinam sint effectus pacti de non petendo et quibus proficere vel nocere possit?

Tolluntur obligationes duobus modis; aut enim ipso jure, aut exceptionis ope. Pactum quod nobis tractandum propositum est ad utrumque modum pertinet; nam etiamsi sæpiùs exceptionem solummodò pariat, aliquando tamen juris vinculum penitùs dirimit. Actio enim injuriarum nuda conventione ipso jure extinguitur, ut apparet ex lege 17, § 1, *De Pactis* : « Nam si nudâ voluntate injuriam remisit, indubitatè dicendum « est, extingui injuriarum actionem, non minùs quàm si tempore abo- « lita fuerit injuria[1]. » Conventione factâ non superesse potest contumelia nec consequenter actio quæ ex eâ originem suam trahit. Simili modo actio furti pacto de non petendo tollitur[2]. Cæterum in plurimis casibus per exceptionem tantummodò effectus hujusce conventionis invocari possunt. Nec interest, obligatio stricti juris sit necne, cum in utrâque actio excipiendo repelli debeat[3].

[1] L. 17, § 6, *De injuriis et famosis libellis* (dig. l. 47, t. 10).

[2] L. 17, § 1, *De pactis* (dig. lib. II, t. 14).

[3] *Excepiis scilicet bonæ fidei actionibus quæ solo consensu pariuntur, ut in emptione-*

Cum judicia ordinaria vigerent a prætore, exceptio pacti conventi petebatur et his verbis in formulâ concipiebatur : « SI INTER AULUM « AGERIUM ET NUMERIUM NEGIDIUM NON CONVENIT NE EA PECUNIA PETE- « RETUR[1]. »

Necesse est autem ut pactum valeat ab omni dolo semotum fuisse ; nam si calliditate debitoris creditor deceptus est, replicatione doli uti poterit. Imo, idem erit dicendum etiamsi debitor ab initio bonâ fide pepigerit, si posteà creditoris error patuerit. Non enim dolosè versatur solummodò is qui fallaciam adhibuit, sed etiam is qui iniquè aliquid intendit. Si pactum posteà interveniat ut creditori rursùs petere liceat, eliditur prior conventio ; non autem ipso jure, sed per replicationis modum. Nam nudus consensus pactum de non petendo infectum reddere non potest, cum semel constiterit. In injuriarum autem actione non rectè quis pascisci poterit ut injuriam remissam sibi persequi liceat, cum per nudam conventionem obligatio sublata sit radicitùs, nec possit pasciscendo refici. Nudæ enim pactiones obligationem non pariunt[1]. Eadem dicenda sunt, si de furti actione quæramus; ipso jure enim, ea per pactum extinguitur.

Omnis res in pactionem rectè deducitur dummodo licitam causam habeat. Verbi gratia, nemo contrà jus publicum rectè pasciscitur, quod privatorum voluntate mutari non potest[2]. Non sunt igitur observanda pacta quæ turpem causam continent ; veluti si quis ne furti aut injuriarum agat pasciscatur[3]. Injuria enim in futurum remitti nequit, ne tali pactione ad delicta perpetranda quis impelleretur. Non solum autem juri publico nemo derogare potest ; quinimo nec contra juris civilis

venditione, locatione-conductione, societate mandato ; iis enim casibus tota obligatio tollitur. « *Idem dicemus et in bonæ fidei contractibus, si pactum conventum totam « sustulerit obligationem, veluti empti ; non enim ex novo pacto prior obligatio resusci- « tatur, sed proficiet pactum ad novum contractum.* » (Dig. l. 27, § 2, *De pactis.*)

[1] L. 27, § 2, *De pactis*. L. 7, § 4, *ibid.* Idem verum est de obligationibus quæ solo consensu contrahuntur, ut apparet ex lege eàdem, 27, § 2.

[2] L. 38, *ibid.*

[3] L. 27, § 4, *ibid.*

regulas pacta conventa rata habentur [1]. Quod ita non generaliter accipiendum est; nam sæpissimè strictum jus nudis pactionibus mutatur; sed hoc sensu ut minimè liceat non servare leges quæ prohibitionem continent. Ut putà pupillus non rectè pasciscitur sine tutoris auctoritate ne a debitore suo petat [2].

Pactum de non petendo tacitè fieri potest, quod evenit cum creditor debitori suo cautionem reddit [3]. Item, qui in futurum usuras a debitore accipit, pactus videtur ne intrà id tempus sortem petat [4]. Acceptilatio, cum non valeat stricto jure, pacti tamen effectus recipere potest, ut apparet ex lege 5 de *rescindenda venditione;* hoc casu enim, *non suâ naturâ sed potestate conventionis* [5] *viget.*

Pactum de non petendo tum exceptionem perpetuam, tum dilatoriam parit; perpetuam si simpliciter *ne peteretur* pacti fuerint; dilatoriam *si ne intra certum tempus.* Qui per errorem pactun ignorans solvit indebitum condicere potest, si exceptio perpetua sit [6]. Qui autem ante diem solvit, licet per errorem, condictione indebiti rectè non experitur « In diem enim debitor, adeò debitor est ut antè diem solutum repetere « non possit [7]. »

Pupillus ne a debitore petat sine tutoris auctoritate pascisci non potest Ex diverso, si debitor sit rectè sive liberationem sive dilationem accipit; conditionem enim suam meliorem facere posse certum est. Hæc autem solum de iis qui infantes adhuc non sunt verè dicuntur; nam infans non multum a furioso distat nec consensum adhibere potest [8]. — Pactiones

[1] L. 28, *ibid.*

[2] L. 28. *Princ.*

[3] L. 2, § 1.

[4] L. 57.

[5] L. 5, *De rescind vendit.*

[6] L. 5 *Cod., De pactis :* « Cum exceptione tutus per ignorantiam solutum repe- « tere possit. »

[7] L. 10, *De condict. indeb.*

[8] Jurisperiti disputant de ætate infantium. Savigny evidentissimè demonstravit ad septem annos durare.

curatoris furioso aut minori vigintiquinque annorum proficiunt; nocere autem iis nullo modo certum est [1].

Filius familias nihil nisi patri acquirit. Pascisci igitur poterit *ne a patre* petat creditor. Simili modo, in rem id est sine personæ adjectione rectè pactio fiet [2]. — Secùs autem res se haberet, si *ne a se peteretur* filius familias pactus fuerit; hoc casu enim pactum solummodo, patri vel ipsi proderit, si de peculio vel de in rem verso cum iis agatur [3]. — Simili modo, servus in rem sive *ne a domino petatur* pascisci potest; nihil autem valeret pactum, *ne a se peteretur*. His verbis concepta pactio nec ei, nec domino proderit. Multum autem differt pactum de non petendo in rem conceptum a pacto in personam. Primum enim domino et heredibus ejus prodest; alterum autem domino soli, cum personale sit [4].

Si creditor cum reo pactus sit de non petendo, exceptio prodest non solum reo, sed etiam fidejussoribus : « Omnes enim exceptiones quæ « reo competunt, fidejussori quoque [5]. » Idem juris est si reus sine personâ suâ pepigerit ne a fidejussore peteretur, quamvis fuit quæsitum [6]. — Fidejussoris autem conventio nihil proderit reo, cum nihil intersit ejus pecuniam a debitore non peti; imò nec confidejussoribus proderit [7].

Si unus ex pluribus correis stipulandi cum debitore ne ab eo peteretur pactus fuerit, hæc pactio aliis minimè nocebit. Secus res se haberet si acceptilatio fieret, ut lege 13, § 7, *de acceptilatione* demonstratur [8]. Hæc differentia a distinctione inter Jus civile et Jus honorarium descendit.

[1] L. 28, § 1, *De pactis*; l. 15, *ibid.*, et l. 22, *Cod.*, *De pactis*.

[2] « Pactorum quædam in rem sunt, quædam in personam; in rem sunt quoties « generaliter pasciscor *ne petam*; in personam quoties ne a personâ. » L. 7, § 8

[3] L. 17, §§ 7, 18, 19 et 20.

[4] L. 21, § 2.

[5] *De except. et præscript.*, l. 19.

[6] L. 27, § 1. *Hoc fragmentum controversiæ mentionem continet.*

[7] L. 23.

[8] V. l. 27, pr. *De pactis*. Pugnat cum lege 31 *de novationibus*, quod ad novationem attinet.

Acceptilatio enim stricti Juris regulis obnoxia est, cum pactum naturali æquitate regatur.

Quod ad correos promitendi attinet, eadem quæ de fidejussoribus dicenda sunt; correi enim non multum a fidejussoribus differunt. Hoc ita intelligi debet ut pactio cum uno ex eis facta et aliis correis promittendi prosit, sicut et fidejussoribus prodest quod cum reo principali *conventum est. Distinguendum autem est quid acti sit; si enim* creditor in rem remisit obligationem exceptio rei cohærens omnibus dabitur correis ut in integrum liberentur ; sin autem in personam pactum fuerit, exceptio dabitur solummodò pro parte ejus qui contraxit. Proficiet autem in hunc modum et iis qui consensum non adhibuerunt [1].

Pactum in rem conceptum hæredibus prodest. In personam autem solum ei qui pasciscitur. Potest pater uni ex filiis consulere ne ab eo petatur aliis cohæredibus in obligatione manentibus [2].

Inter hæredem et creditores defuncti pactio frequentabatur apud Romanos quâ major pars creditorum partem æris alieni remittere poterat, etiam non consentientibus aliis creditoribus (*vid.* L. 7, § 19, L. 8, *De pactis*, et L. 58, *Mandati vel contrà*).

[1] L. 23. *Secùs in jure nostro res se habet, ut ex art.* 1285 *apparet* (nota adjecta).
[2] L. 33. *De Pactis.*

Contuli,

ANS. BATBIE. ROYER-COLLARD

COMPOSITION

DE

DROIT FRANÇAIS

Quel est, quant à la prescription, l'effet de la déclaration d'absence et de l'envoi en possession provisoire soit entre les absents et les envoyés en possession, soit à l'égard des tiers?

Avant d'aborder les effets de la déclaration d'absence et de l'envoi en possession dans la matière spéciale qui fait l'objet de cette dissertation, il importe de déterminer avec précision quelle est d'une manière générale la nature qui lui est propre. Ce n'est pas un hors-d'œuvre que je me propose de faire; car, le principe une fois établi, la solution de notre question en découlera logiquement. Je consacrerai donc un premier paragraphe aux effets de l'envoi provisoire en général. Je traiterai ensuite des conséquences qu'il entraîne en matière de prescription entre l'envoyé en possession et l'absent. Je parlerai dans le 3e § des effets produits à l'égard des tiers. Enfin je me demanderai quelles sont les limites de la responsabilité de l'envoyé en possession qui a laissé s'accomplir, sans l'interrompre, une prescription au profit d'un tiers. Cet examen rentre encore dans notre sujet; car il s'agit d'un effet produit entre l'absent et l'envoyé en possession.

§ 1.

Quelle est la nature de l'envoi en possession provisoire considéré d'une manière générale?

Aux termes de l'art. 125, Code civ. : « La possession provisoire ne « sera qu'un dépôt qui donnera à ceux qui l'obtiendront l'administra- « tion des biens de l'absent et qui les rendra comptables envers lui, en « cas qu'il reparaisse ou qu'on ait de ses nouvelles. » Faisons remarquer que la rédaction de cet article n'est pas tout à fait exacte et que le mot *dépôt* y est pris dans un sens impropre. En effet, le dépôt est essentiellement gratuit [1]; tandis que l'envoyé en possession provisoire peut gagner une partie des fruits [2]. D'un autre côté, les choses mobilières peuvent faire seules l'objet d'un dépôt; au contraire, l'envoi en possession peut porter sur l'ensemble des biens, sur les meubles et les immeubles [3]. Il existe aussi entre le dépôt et l'envoi en possession une différence capitale; car, si, aux termes de l'art. 1927, le dépositaire n'est tenu d'apporter dans la garde de la chose déposée que les soins qu'il donne à celles qui lui appartiennent, l'envoyé en possession rentre sous l'application du principe général posé par l'art. 1137, c'est-à-dire qu'il est tenu de la faute *levis in abstracto*, pour employer l'expression des commentateurs du Droit romain. Il demeure donc démontré que le mot *dépôt* qui figure dans l'art. 125 ne doit pas être pris dans son sens juridique. Il serait facile de développer ces différences et d'en trouver de nouvelles dans les articles 1930, 1931, 1932; mais, en vérité, il est inutile d'insister, tant l'évidence est certaine. L'envoyé n'est pas davantage un mandataire, puisque l'absent dont on n'a pas de nou-

[1] Art. 1917 C. civ.

[2] Art. 127.

[3] Art. 1918.

velles n'a pu évidemment consentir à lui donner ses pouvoirs ; ni un gérant d'affaires, puisqu'il administre à son profit, dans la prévision d'un droit éventuel à succession. C'est un administrateur, soit universel, soit spécial, suivant la nature du droit qui sert de fondement à sa possession, agissant dans un double intérêt, 1° celui de l'absent qui peut revenir; 2° le sien propre, sa situation précaire pouvant prendre un caractère définitif. Dans sa qualité d'administrateur il puise le droit et le devoir de faire tous les actes conservatoires, et parmi eux, spécialement, un acte interruptif de prescription. Il en résulte également un pouvoir suffisant à l'effet de toucher les revenus et d'aliéner les fruits, quoiqu'il n'ait pas, comme tout administrateur, en général, le droit de faire vendre le mobilier [1]. Mais il ne peut ni vendre ni hypothéquer un immeuble appartenant à l'absent, et quiconque achèterait de lui serait considéré comme acquéreur d'un bien d'autrui, sujet à éviction, tant que le temps n'aurait pas consolidé son droit [2]. Dès que l'envoi en possession provisoire a été accordé, l'absent a un représentant et les tiers ont à qui s'adresser : « Après le jugement de déclaration d'absence, « dit l'art 134, toute personne qui aurait des droits à exercer contre « l'absent ne pourra les poursuivre que contre ceux qui auront été « envoyés en possession des biens ou qui en auront l'administration lé- « gale. » Une application spéciale de ce principe se trouve dans l'art. 817, en matière d'action en partage.

§ 2.

Effets de l'envoi en possession provisoire entre l'absent et les envoyés en possession, quant à la prescription.

Occupons-nous successivement de la prescription libératoire et de la prescription acquisitive.

Il peut arriver qu'au moment où l'absent a disparu, il fût créancier de

[1] Art. 126, 2e alinéa.

[2] Art. 128.

celui qui est envoyé en possession provisoire, et que celui-ci commençât à espérer la libération par prescription. Cette espérance sera-t-elle suspendue par la déclaration d'absence et l'envoi en possession provisoire, ou bien la prescription continuera-t-elle son cours, comme s'il ne s'était produit aucune circonstance nouvelle? — Réciproquement, si l'absent était débiteur de l'envoyé en possession provisoire, la prescription courra-t-elle à son profit, nonobstant l'envoi, ou bien y aura-t-il une suspension produite par la position nouvelle des parties?

Si l'envoyé était débiteur de l'absent, il a dû exiger le payement de lui-même : *debuit à semetipso exigere*. Cette obligation résultait de sa qualité d'administrateur comptable envers l'absent ; il ne saurait donc invoquer à l'appui de sa libération sa propre négligence. D'ailleurs on peut arriver au même résultat par une autre voie. Admettons, dira l'absent de retour, que vous ayez prescrit votre libération ; il n'en est pas moins vrai que vous me devez réparation pour le préjudice que votre complaisante négligence envers vous-même m'a causé ; or, n'est-il pas naturel qu'à titre de dommages-intérêts, vous m'accordiez le rétablissement des choses en leur état antérieur? N'est-ce pas le meilleur moyen de me donner une réparation complète ?

Mais que décider si l'absent était débiteur envers l'envoyé en possession provisoire ? Je crois que pour résoudre cette question, il faut s'emparer d'une analogie qui est fournie par l'art. 2258 du Code civil : « La prescription, y est-il dit, ne court pas contre l'héritier bénéfi- « ciaire, à l'égard des créances qu'il a contre la succession. » Cette disposition me paraît applicable au cas dont je m'occupe par un argument *à fortiori sensu*. En effet, la loi a suspendu la prescription au profit de l'héritier bénéficiaire, quoique rien ne le plaçât dans l'impossibilité d'agir ; car, aux termes de l'art. 996 du Code de procédure civile, il pouvait s'adresser soit aux autres héritiers, s'il y en avait, soit à un curateur au bénéfice d'inventaire, dans le cas où il n'y aurait pas de co-héritiers. Nonobstant cette facilité, la loi a déclaré la prescription suspendue au profit de l'héritier bénéficiaire. Ne faut-il pas décider de même pour l'envoyé en possession auquel nulle disposition n'accorde le droit de se donner un contradicteur? car pour l'envoyé en possession, l'art. 996 du Code de procédure n'a pas, que je sache, son analogue. Ma solution est donc celle-ci : L'envoi en possession suspend la prescription libératoire soit au profit de l'absent, soit au profit de l'envoyé.

Il pourrait se faire également qu'au moment de sa disparition, l'absent se trouvât en possession d'un immeuble appartenant à l'envoyé et en voie de l'usucaper; à l'inverse, l'envoyé pourrait être sur le point d'acquérir de la même manière un immeuble appartenant à l'envoyé en possession. Que deviendra la prescription acquisitive?—Nous pensons que les mêmes solutions sont applicables; car l'absent n'a pu prescrire, lorsqu'il était obligé de s'interpeller lui-même et de restituer. Cette solution est hors de doute, s'il s'agit de la prescription de trente ans sans titre ni bonne foi; car, l'envoyé en possession a été averti, par le fait seul de sa mauvaise foi, qu'il devait réclamer *à semetipso*.—La question est plus délicate lorsque l'usucapion est fondée sur l'art. 2265, c'est-à-dire sur un titre et la bonne foi. — Néanmoins, dans ce cas encore, l'envoyé, au moyen des pièces dont l'administration l'a mis en possession, a dû acquérir la conviction qu'il ne pouvait plus retenir le fonds. Il est vrai que la bonne foi n'est exigée que *ab initio*; mais ici la mauvaise foi postérieure lui a créé l'obligation d'agir, et, par conséquent, l'a constitué passible de dommages-intérêts.—Or, la suspension de la prescription est la manière la plus simple d'acquitter cette dette. —Si l'absent était en voie d'usucaper, nous pensons qu'il y a lieu, en vertu des raisons déduites plus haut, d'appliquer l'art. 2258 par l'argument *à fortiori* déjà développé.

Il est presque inutile de faire remarquer que l'envoyé en possession provisoire ne peut pas prescrire contre l'absent les biens qui forment l'objet de l'envoi en possession ; car, à cet égard, il n'est qu'un possesseur précaire menacé par le retour de l'absent et s'attendant à être dépouillé. La loi va jusqu'à l'appeler dépositaire. Quoique nous ayons critiqué cette expression, elle indique cependant d'une manière énergique la situation de l'envoyé en possession.—Mais y aurait-il pour lui quelque moyen d'intervertir son titre et de transformer sa possession précaire en possession utile pour la prescription ?—Nous ne le pensons pas. D'abord l'interversion ne saurait résulter d'un acte de contradiction opposé à l'absent ; car celui-ci ne donne pas de ses nouvelles, et s'il pouvait être averti, l'absence cesserait. D'un autre côté, une convention passée avec un tiers ne serait pas plus efficace ; car, du moment où son usucapion commencerait, il serait obligé de l'interrompre comme représentant de l'absent ; nous retomberions ainsi dans des développements déjà exposés.—L'interversion pourrait avoir lieu lorsqu'on viendrait à connaître le moment du décès de l'absent. L'envoyé obligé de restituer à l'héritier appelé au moment du décès cesserait d'être envoyé en possession provisoire, le patrimoine passant à son véritable propriétaire. Aussi pourrait-il prescrire dans cette circonstance, au moyen d'une interversion dans sa possession.

§ 3.

Effets à l'égard des tiers.

Avant le jugement de déclaration d'absence et l'envoi en possession provisoire, la prescription continuait à courir soit contre, soit au profit des tiers; car l'absent même non représenté n'avait à imputer son départ qu'à lui-même. Quant aux tiers, rien ne les empêchait d'agir contre l'absent, la loi ayant organisé pour ce cas des moyens de procédure. Il est évident que cet état de choses doit se continuer, à plus forte raison, après l'envoi en possession qui donne à l'absent un représentant chargé d'administrer. Aucune question ne saurait s'élever dans le cas où l'absent et l'envoyé sont tous les deux majeurs. Mais supposons qu'à un absent mineur succède un envoyé majeur, ou réciproquement que l'absent majeur soit remplacé par un envoyé encore mineur, la position des tiers sera-t-elle changée? La prescription, qui était suspendue dans un cas, reprendra-t-elle son cours? Celle qui courait dans l'autre sera-t-elle suspendue? Selon moi, il faut, pour résoudre cette question, s'attacher à la personne de l'absent, et négliger complétement celle de l'envoyé en possession. Celui-ci n'est qu'un représentant; c'est l'absent qui est le véritable ayant-droit. L'administrateur est, il est vrai, intéressé à l'administration; mais ce n'est là qu'un intérêt éventuel. Au fond, il administre pour un autre, pour un titulaire qui est derrière lui. L'absent est-il mineur, la prescription sera suspendue malgré la majorité de l'envoyé. Le tiers ne saurait se plaindre; car pourquoi voudrait-il que l'absence améliorât sa position? Réciproquement, l'absent est-il majeur, il ne faut pas que la prescription soit suspendue par la minorité de l'envoyé, car si nous n'avons pas permis aux tiers de réclamer un bénéfice lorsque l'absent en minorité est remplacé par un envoyé en possession majeur, il ne faut pas non plus leur imposer une perte dans le cas inverse. Il n'est douteux pour personne que si un mandant se faisait représenter par un mineur, cette circonstance ne changerait rien; que rien ne serait changé non plus dans le cas inverse. — Or, le cas dont nous nous occupons me paraît être identique [1].

[1] *Les auteurs sont tous d'avis qu'il faut s'attacher à la qualité de celui qui réclame. Par conséquent, ils décident que l'envoyé en possession majeur ne saurait invoquer la minorité de l'absent, qui pourrait au contraire s'en prévaloir, s'il agissait après son retour. Cette solution nous paraît contraire à l'art.* 125 *du Code civil. A notre avis, il est mandataire légal non-seulement à l'égard de l'absent, mais aussi à l'égard des tiers. Ces mêmes auteurs le reconnaissent lorsqu'ils décident que la chose jugée avec l'envoyé l'est aussi avec l'absent. Comment cela pourrait-il avoir lieu si à l'égard des tiers l'envoyé agissait en son nom propre? L'art.* 135 *ne me paraît pas davantage faire obstacle à ma solution : car il ne s'occupe que des droits éventuels qui s'ouvrent pendant l'absence. La faculté d'opposer la suspension de prescription n'était pas un droit éventuel, puisqu'il se trouvait dans le patrimoine de l'absent, avant sa disparition. Je n'admets pas davantage que la prescription soit suspendue par la minorité de l'envoyé, parce qu'il est responsable à l'égard de l'absent majeur. Il y a dans nos lois une foule de dispositions qui n'accordent au mineur lésé par la négligence du tuteur qu'une action personnelle contre celui-ci, qu'il soit ou non solvable. Peut-être pourrait-on aller jusqu'à dire que l'art.* 1990 *du Code civil est ici applicable, l'absent ayant su qu'en prolongeant son absence il s'exposait à avoir des mineurs pour représentants?* (Cette note a été ajoutée après la composition).

L'envoyé en possession provisoire a le droit de faire vendre les fruits en sa qualité d'administrateur. — Quant aux autres effets mobiliers, il appartient au tribunal de fixer ceux qui seront aliénés, et ceux au contraire qui doivent être conservés. Le législateur a fait cette distinction pour protéger contre la spéculation avide d'envoyés qui vendraient les meubles précieux pour grossir leur part de fruits, sans s'inquiéter de la valeur d'affection qu'ils pourraient avoir pour le propriétaire. Donc la vente qui serait faite sans l'autorisation du tribunal serait entachée de nullité. — Néanmoins, le tiers-acquéreur de bonne foi pourrait se prévaloir de la prescription instantanée organisée par l'art. 2279, deuxième alinéa. On peut se demander dès-lors s'il existe une différence réelle entre les fruits et les autres objets mobiliers? Les fruits sont acquis par les tiers, même lorsqu'ils savent qu'ils proviennent des biens de l'absent. Au contraire, l'acquéreur des objets mobiliers autres que les fruits ne peut invoquer la maxime : « En fait de meubles, possession vaut titre, » qu'en établissant sa bonne foi et toutes les conditions sans lesquelles l'art. 2279 n'est pas applicable.

L'envoyé en possession provisoire ne peut aliéner les immeubles de l'absent. S'il contrevient à cette disposition, il ne transfère pas la propriété à l'aliénataire; celui-ci ne peut l'acquérir qu'au moyen, 1° de la prescription de dix ou vingt ans, avec titre et bonne foi ; 2° de la possession continuée pendant trente ans. Si l'absent reparaît avant l'expiration de ce délai, il pourra revendiquer la chose ou maintenir la vente par une ratification. Cette disposition rappelle une des questions les plus controversées de notre droit, celle de savoir si les aliénations consenties par l'héritier apparent sont valables? Traiter cette difficulté sort des limites de mon sujet, puisqu'elle ne saurait être posée dans le cas d'envoi en possession provisoire, en présence de l'art. 128 du Code civil. Mais je l'ai indiquée, parce qu'on emprunte des arguments à cette disposition.

Si une hérédité à laquelle l'absent est appelé vient à s'ouvrir pendant l'envoi en possession provisoire, elle est déférée comme s'il n'existait pas, aux termes de l'art. 136 du Code civil. Mais l'absent a trente ans pour intenter l'action en pétition d'hérédité; s'il ne reparaît pas avant cette époque, toute réclamation est fermée (art. 137).

§ IV.

Effets produits entre l'absent et l'envoyé en possession provisoire, lorsque celui-ci a négligé d'interrompre la prescription contre les tiers.

Si l'envoyé a négligé d'interrompre la prescription contre des tiers, il est responsable envers l'absent; car, aux termes de l'art. 125 il est administrateur-comptable à son égard. Sa négligence sera appréciée conformément à l'art. 1137 du Code civil. On devra donc le juger comme tenu de se conduire en bon père de famille, à l'exemple du tuteur (art. 450). Si l'envoyé a aliéné un immeuble, l'absent ne peut plus revendiquer contre l'acquéreur, lorsque le temps nécessaire à la prescription s'est écoulé; mais il peut recourir en dommages-intérêts contre l'envoyé. Si le prix était encore dû par l'acquéreur, l'absent pourrait intenter une action directe contre celui-ci; car, il a le droit de tenir la vente pour bonne : *Ratihabitio mandato æquiparatur*. Cette ratification fera que l'absent sera censé avoir traité lui-même par l'intermédiaire d'un autre. Cette action directe pourrait être d'un grand secours à l'absent de retour, en cas d'insolvabilité de l'envoyé; elle lui fournirait le moyen d'éviter le concours des autres créanciers. Si, au contraire, il n'intentait qu'une action en dommages-intérêts contre l'envoyé lui-même, coupable d'avoir négligé d'interrompre la prescription, il serait exposé à la réduction *pro ratâ parte*.

ANS. BATBIE.

Vu et collationné,

ROYER-COLLARD.

Paris. — Imprimerie Bonaventure et Ducessois, 55, quai des Grands-Augustins.

www.ingramcontent.com/pod-product-compliance
Ingram Content Group UK Ltd.
Pitfield, Milton Keynes, MK11 3LW, UK
UKHW032040260826
14628UKWH00007B/3081

9 782013 606783